Inhalt

Von Winterfreuden und Sommerdüften

Von Winterfreuden und Sommerdüften

Welche Farben hat für dich der Sommer?

Warum folgt auf jeden Winter ein Frühling?

Welches Fest feierst du am liebsten?

Wo spielst
du
im Sommer
am liebsten?

Woher wissen
die Zugvögel,
wann sie
in den Süden
fliegen müssen?

Was
spürst du
gern auf
deiner
Haut?

Jahrein – Jahraus

Jahreszeiten kommen und gehen. Wärme und Kälte wechseln sich ab.
So gibt es lange Sonnentage im Sommer und dunkle Zeiten mit Regen und Schnee im Winter.
Auf diese Veränderungen müssen sich alle einstellen, auch die Pflanzen.
Jede Blumenart hat ihre Jahreszeit, in der sie blüht.

Frühlingsblüher
bringen die ersten,
zarten Farbtupfer
auf Wiesen
und Waldränder.

Nun sind die
Sommerblumen
an der Reihe,
die aus
dem satten Grün
der Gräser
und Blumen leuchten.

Schließlich beginnt
der farblose Winter
mit frostiger Kälte.

Auch der Herbst bringt
noch einige
bescheidene Blüten.

Ein neues Jahr mit neuen Farben und Düften wird kommen.
Die Pflanzen werden wachsen, blühen, welken und vergehen
und uns zu jeder Jahreszeit ein anderes Bild der Landschaft zeigen.

Una Jacobs

1. Male das Blumenjahr.

Großvater schreibt an das Schulamt

Wenn erstmals im Jahr die **Krokusse** blühen,
sollte man keinen zur Schule bemühen.
Die Kinder könnten gemeinsam im Garten
auf den dreizehnten Krokus warten,
den Gräserspitzen beim Wachsen zusehen
und schnuppernd die Frühlingsluft verstehen.

Wenn erstmals im Jahr der **Rasen** verdorrt,
schickt doch die Kinder vom Schulhaus fort!
Sie können gießen mit Kannen und Töpfen
und Wasser aus Regentonnen schöpfen.
Dann springen sie selber ins Schwimmbecken rein –
kann eine Turnstunde spannender sein?

Wenn erstmals im Jahr die **Kastanien** fallen,
dann gebe man schulfrei – wirklich allen!
Die Kinder könnten in Taschen und Säcken
die glatten und glänzenden Früchte verstecken,
und anderntags tauschen sie ihre Funde
in einer Tiergarten-Bastelstunde.

Wenn erstmals im Jahr die **Schneeflocken** schweben,
sollte man den Kindern schulfrei geben.
Die Kinder könnten Schneebälle machen,
sie üben Werfen und Laufen und Lachen.
Es glitzert die Landschaft im Frühwinterlicht –
der beste Anschauungsunterricht.

Georg Bydlinski

1. Schreibe weitere Ideen auf, was du in den einzelnen Jahreszeiten noch lernen könntest.

Windgedicht

Wirf ein Wort
in die Luft,
der Wind
trägt es fort.

Dann warte,
bis der Wind sich dreht
und Antwort bringt.

Hubert Schirmeck

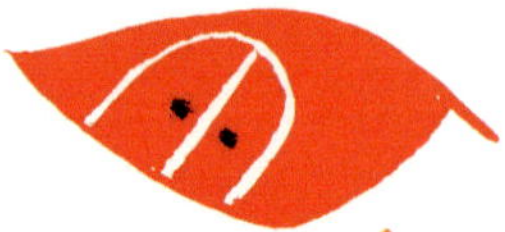

Die Herbstpost

1000 Blatt, ohne Umschlag und Marke, nur so,
kamen per Luftpost von irgendwo.
Wer hat mir so viele Briefe geschrieben?
Der Herbstwind hat sie herübergetrieben.
Was stand denn drauf? Ich konnt' es nicht lesen.
Es ist eine Rätselschrift gewesen.
Vielleicht was von Sommer und Vogelgeschrei
und von dem kleinen Wörtchen „vorbei".
Vielleicht was von Frost und Winterzeit
und von einem neuen Blätterkleid.
Was schreib ich als Antwort? Ich schicke dafür
an die Baumpost zurück 1000 Grüße von mir.

Christa Wißkirchen

Unterm Laub

Wenn der Wind
kein Laub mehr in den kahlen Ästen findet,
wenn die Kinder
kein buntes Blatt mehr in die Bücher pressen,

wenn die Gärtner
ihre Besen in den Schuppen bringen,
wenn die Sportler
ihre Räder in die Garage parken,

dann kriechen die Igel unters Laub
und warten auf wärmere Zeiten.

Christa Boßbach

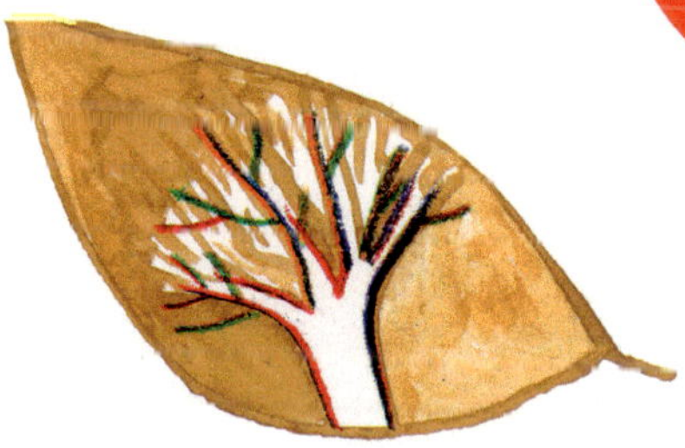

Herbst-Rondell

Blätter rascheln leise.
Ein kleiner Igel kriecht hervor.
Vögel ziehen in den Süden.
Blätter rascheln leise.
Am Himmel fliegen Drachen.
Kinder lachen.
Blätter rascheln leise.
Ein kleiner Igel kriecht hervor.

Hannah

Der Wind

In allem Frieden
schlief abgeschieden
hinter der Hecke
der Wind.
Da hat ihn die Spitzmaus
– wie Spitzmäuse sind –
ins Ohr gezwickt.

Der Wind erschrickt,
springt auf die Hecke,
fuchsteufelswild,
brüllt,
packt einen Raben
beim Kragen,
rast querfeldein
ins Dorf hinein,
schüttelt einen Birnbaum beim Schopf,
reißt den Leuten den Hut vom Kopf,
schlägt die Wetterfahne herum,
wirft eine Holzhütte um,
wirbelt den Staub in die Höhe:
wehe,
der Wind ist los.

Josef Guggenmos

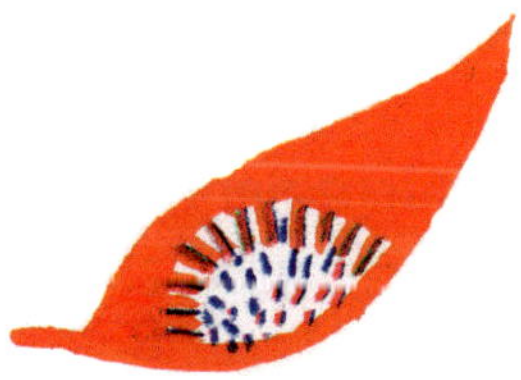

1. Suche dir ein Gedicht aus und lerne es auswendig.

Warum verfärben sich die Blätter im Herbst?

Die Blätter sind für den Baum sehr wichtig. Sie sorgen dafür, dass der Baum immer genug Nährstoffe zum Leben hat. Im Herbst werden die Tage kürzer und kälter. Die Sonne scheint nicht mehr so lange und warm. Die Bäume spüren diese Veränderung und beginnen mit der Vorbereitung auf den Winter. Sie ziehen alle wichtigen Stoffe aus den Blättern ab. Dazu gehört auch das Blattgrün.

Dieses leitet der Braum in seine Wurzeln. Hier wird das Blattgrün den Winter über gelagert. Übrig bleiben nur die Stoffe, die der Baum nicht zum Leben benötigt, zum Beispiel die roten und gelben Farbstoffe. Wenn sich der grüne Farbstoff im Herbst aus den Blättern zurückzieht, werden diese Farben sichtbar. Rote oder gelbe Farbstoffe braucht der Baum nicht zum Leben, sie färben die Blätter nur schön bunt.

Ingrid Peia

1. Gestalte ein Herbstbild mit bunten Blättern.

Ein Versuch zur Blattfärbung

Das Grün der Blätter geht, andere Farben kommen – aber Zauberei ist es nicht.
Doch was passiert, wenn im Herbst die Bäume bunt werden?

Deine Forschersachen
- Filterpapier
- eine Schere
- ein Glas Wasser
- ein schwarzer, wasserlöslicher Filzstift (kein „Marker"!)
- ein Bleistift

Stülpe das Glas kopfüber auf das Filterpapier und male mit dem Bleistift einen Kreis außen herum, der etwas größer als das Glas ist. Schneide ihn aus und bohre mit der Scherenspitze ein Loch in die Kreismitte. Male die Stelle ums Loch etwa daumenbreit mit dem Filzer an. Schneide einen Streifen aus dem restlichen Filterpapier und rolle ihn eng zusammen. Stecke die Papierwurst durch das schwarze Loch, sodass beides zusammen wie ein Schirm aussieht. Setz den Schirm so auf das Glas auf, dass das untere Ende der Papierwurst im Wasser steckt.

Was passiert da eigentlich?
Das Wasser steigt in der Papierrolle empor und verteilt sich dann im runden Papierkreis. Das Wasser löst dabei zunächst die schwarze Farbe auf und nimmt seine verschiedenen Bestandteile mit. Schwere Farbteilchen bleiben schneller liegen als leichte.
Und du kannst noch etwas sehen, wenn du den Versuch wiederholst:
Jedes Blatt wird ein bisschen anders bunt – ganz wie in der Natur!

Was hat das mit Blättern zu tun?
Auch in den Blättern steckt nicht nur Grün. Im Sommer und im Frühling überlagert es nur das Gelb und Rot. Denn bevor der Baum in Winterruhe geht, zerlegt er das kostbare Chlorophyll, so heißt der grüne Farbstoff aus den Blättern, in seine Bausteine, um diese dann in den dicken Ästen, im Stamm, und in den Wurzeln zu lagern. Dabei werden die anderen Farben im Blatt sichtbar.

Lisa Rienermann/Anke M. Leitzgen

Halloween

Eigentlich ist Halloween ein altes keltisches Fest.
Am 1. November feierten die Kelten in Britannien, Irland und Nordfrankreich den Neujahrstag, an dem sie der Toten gedachten.

Halloween wurde ursprünglich *All Hallows Eve* genannt, was auf Deutsch am Abend vor Allerheiligen heißt. Die Kelten glaubten, dass in dieser Nacht der Herr des Todes die bösen Seelen zu sich rief und sie dazu verdammte, Tiergestalt anzunehmen. Große Feuer werden heute noch in Schottland oder Wales entzündet, um Geister zu vertreiben.

Später glaubte man, dass Geister, Kobolde und Hexen am Halloween-Abend ihr Unwesen trieben. Der Brauch kam auf, sich zu verkleiden, um die Geister zu erschrecken und nicht von ihnen erkannt zu werden. Besonders die Kinder zogen von Haus zu Haus und riefen:
„Trick or treat!“ (Streich oder Süßigkeiten)

Aus Irland kommt der Brauch, Rüben und Kartoffeln auszuhöhlen, mit Gesichtern zu verzieren und mit Kerzen zu beleuchten.
Im 19. Jahrhundert wanderten viele Iren nach Amerika aus und nahmen diesen Brauch mit. Da es in Amerika mehr Kürbisse als Rüben gab, höhlten sie die Kürbisse aus.
Vor einigen Jahren kam der Brauch nach Westeuropa zurück. Heute gibt es fast überall Halloween-Partys, Gespensterpost oder Gruselrezepte.

Und wenn Gespenster, Hexen und Zauberer mit grimmigen Kürbislaternen durch die Straßen ziehen, sollte man besser Süßigkeiten haben.

Christa Holtei

1. Berichte mithilfe eines Stichwortzettels über Halloween.

Kürbislaternen

Zu einer richtigen Halloween-Dekoration gehört eine Kürbislaterne.

Du brauchst:
einen großen Kürbis
ein Messer
einen Suppenlöffel
eine Schüssel
eine Kerze
die Hilfe eines Erwachsenen

Lass dir beim Aufschneiden helfen.

Schabe das Fruchtfleisch aus und gib es in die Schüssel.

Lass dir beim Ausschneiden von Augen und Mund helfen. Setze den Deckel wieder auf.

Stelle die Laterne auf den Balkon oder vor die Tür. Sobald es dunkel ist, zündest du die Kerze im Kürbis an. Ein schaurig schöner Anblick.

Emilie Beaumont

Kürbisfest in Rudolfingen

In der ersten Novemberwoche findet in dem kleinen Schweizer Ort Rudolfingen ein Kürbisfest statt. Wenn am Abend die elektrischen Lichter in Rudolfingen ausgeschaltet werden, beleuchten weit über eintausend kunstvoll geschnitzte Kürbisse das ganze Dorf und lassen den Ort in einer ganz besonderen Atmosphäre erstrahlen.

1. Findest du ein Rezept für Kürbissuppe?

Vorsicht vor Hugo Schubenik

Endlich war es soweit. Es war der Nachmittag des 31. Oktobers. Den ganzen Tag hatte es geregnet. Schon vor Stunden hatten alle ihre Kostüme angezogen.

Mit riesigen Tüten für die Süßigkeiten zogen sie endlich los. Der Wind pfiff um die Ecken. Ine im Bärenkostüm leuchtete ihnen mit der Taschenlampe den Weg. Naddel, der Gruselkürbis, ging mit Benni und seiner Monstermaske hinterher. Benni machte ordentlich Krach. Er schüttelte eine alte Blechschachtel, die voller Kuchengabeln war.

Überall auf der Bäderstraße waren Gruppen von Monstern, Teufeln und Vampiren unterwegs. Kichernde Skelette sprangen hinter Bäumen hervor. „Süßes raus, sonst spukt's im Haus!", riefen sie. Nach kurzer Zeit hatten sie so viel in ihren Halloween-Tüten, dass sie sie kaum mehr tragen konnten. „Langweilig", nuschelte Benni kauend. „Alle geben was, niemand fürchtet sich so richtig. Eigentlich", meinte er, „soll es ja so sein, dass einige nichts geben, damit man ihnen einen Streich spielen kann."
„Wir könnten zu Hugo Schubenik gehen", schlug da hinter ihnen dumpf klingend eine krächzige Jungenstimme vor. Alle zuckten zusammen.
„Hugo Schubenik? Meinst du den mit der Schokolade?", fragte Benni ihn höchst interessiert.
Der Kürbiskopf nickte. „Ja", sagte er und seine Stimme klang schon gar nicht mehr so krächzig. „Hugo Schubenik gibt garantiert nichts. Und dann kannst du ihm einen Streich spielen. Aber ich wette um die Tüte mit den Lakritzschnecken, dass du dich sowieso nicht traust."
„Wetten doch!", trötete Benni.
„Auf keinen Fall können wir Benni allein zu Hugo Schubenik gehen lassen", sagte Naddel besorgt.

„Dann müssen wir eben mitgehen“, schlug Taschi vor. Sie tat so, als würde ihr das furchtbar schwer fallen. Insgesamt fand sie das Ganze jedoch ziemlich aufregend. Sie schlichen über die fiese Wiese, über die man im Sommer nicht gehen konnte, weil sie voller Brennnesseln war. „Was kann das denn sein mit diesem Hugo Schubenik, dass niemand zu ihm hin soll?“ Taschi war, als hätte Bennis Stimme dabei leicht zittrig geklungen. „Kennst du Jack O’ Latern?“, fragte Naddel. Benni nickte, klar kannte sie den alten Jack mit seiner Rübenlaterne.

„Opa Henkel sagt immer,
so wie der Jack allein mit der Laterne
durch die ewige Finsternis irrt
und keinen Frieden findet,
genauso einsam wandert
der Hugo Schubenik ruhelos
durch die Wälder rund um Cismar“, sagte Naddel.

Im Mühlenwald war es so dunkel, dass man kaum mehr seine eigenen Füße sah. Je dunkler es wurde, umso kleinlauter wurde Benni. Auch Taschi war sich nicht mehr sicher, ob es wirklich eine gute Idee gewesen war, hierher zu kommen. Die Stille im Wald war ihr unheimlich. Nur der Wind brauste in den Baumwipfeln. In der Ferne war das Bellen eines Hundes zu hören. „Wir sind da!“, rief der Kürbiskopf. „Na, was ist? Kommt ihr nun oder kommt ihr nicht?“ Sämtliche Fenster starrten stockfinster in die Dunkelheit. Nirgendwo flackerte auch nur ein Kerzenschein.

Simone Klages (Aus dem Originalwerk: Der geheimnisvolle Kürbiskopf. Textzusammenstellung aus den Seiten 18 bis 45.)

1. Schreibe die Geschichte weiter.

An Dezembertagen

An Dezembertagen
kann es sein,
dass es abends freundlich klopft,
dass Besuch kommt,
unverhofft,
dass dir jemand Himmelstorte backt
und die dicksten Nüsse knackt,
dass er dir ein Lied mitbringt
und von seinen Träumen singt.

An Dezembertagen
kann es sein,
dass Menschen plötzlich Flügel tragen
und nach Herzenswünschen fragen.
Riesen werden sanft und klein,
laden alle Zwerge ein.

Dezember
müsst es immer sein!

Anne Steinwart

Achso

Stille Nacht, heilige Nacht
hast du wirklich gedacht,
Weihnachten ist,
was du rund um dich siehst?
Such nicht draußen den Sinn.
Weihnachten ist
in dir drin.

Edith Schreiber-Wicke

1. Überlege dir, wie du jemandem eine Freude machen kannst.

Weihnachten

Was würdest du machen,
wenn Weihnachten wär
und kein Engel würde singen.
Es gäbe auch keine Geschenke mehr,
kein „Süßer-die-Glocken-nie-klingen".
Im Fernsehen hätte der Nachrichtensprecher
Weihnachten glatt vergessen.
Und niemand auf der ganzen Welt
würde Nürnberger Lebkuchen essen.

Die Nacht wäre kalt.
Dicke Schneeflocken fielen,
als hätt' sie der Himmel verloren.
Und irgendwo in Afghanistan
würde ein Kind geboren.
In einem Stall, stell es dir vor.
Die Eltern haben kein Haus.
Was glaubst du,
wie ginge wohl dieses Mal
eine solche Geschichte aus?

Jutta Richter

Paul Gauguin: Christi Geburt (1896)

Das Bild von der Geburt Christi stammt von dem französischen Maler Paul Gauguin. 1848 wurde er in Paris geboren. In jungen Jahren fuhr Gauguin als Matrose zur See. Erst spät begann er zu malen. Für seine Bilder verwendete er gerne kräftige Farben. In seinen letzten Lebensjahren lebte Gauguin auf einigen Südseeinseln. Aus dieser Zeit stammen seine bekanntesten Bilder: die Südseebilder. Dazu gehört auch dieses Bild.

Geschenkeregen

Als Basti an Heiligabend noch einmal nach draußen musste, fiel ihm etwas auf. Komisch... Da hatte jemand einen Zettel an die Haustür gepinnt. Basti zog die Nase hoch und wischte sich mit dem Pulliärmel durchs Gesicht. Da stand:

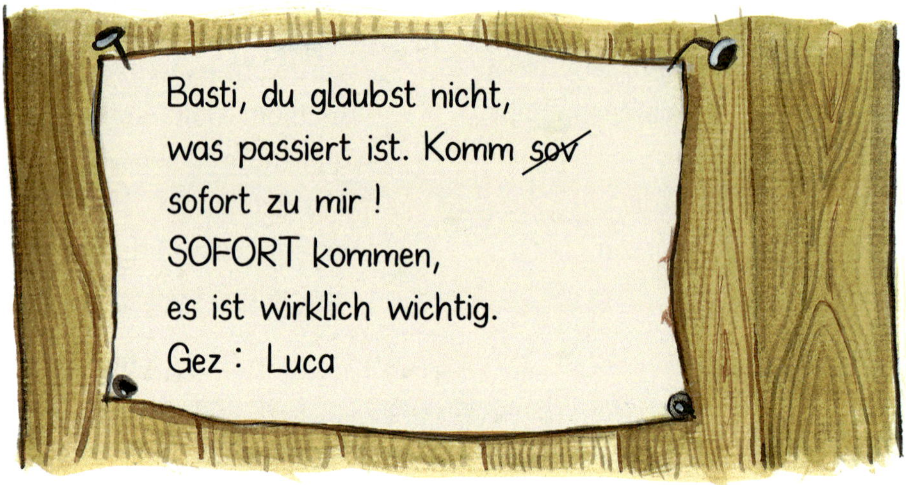

„Hmm“, dachte Basti. „Etwas Tolles? Der bescheuerte Luca hat bestimmt wieder nur Quatsch im Kopf. Doppelquatsch mit Soße. Wollen wir mal sehen, was es damit auf sich hat.“

Basti schlenderte zu Luca und traute seinen Augen nicht. Es war tatsächlich etwas Tolles passiert, etwas ziemlich Tolles sogar: der ganze Garten lag voll mit Geschenkpaketen und mit Süßigkeiten. Zuckerstangen, Lebkuchenmänner - ach! - es war unglaublich. Vor allem die große Tanne sah aus, wie ein leuchtendes, rüpelig dekoriertes Geschenke-Kunstwerk.

Luca lief wie ein völlig aufgedrehtes Etwas im Kreis und jubelte.

„Das macht er schon seit einer halben Stunde“, sagte FZ. Gut, dass auch FZ gekommen war, dachte Basti. Sie stand mit funkelnden Augen da und grinste ihn an. FZ ist toll. Und sie ist Detektivin. Übrigens heißt FZ eigentlich Franziska, FZ ist nur die Abkürzung. „Hä? Was ist denn passiert?“, fragte Basti. „Keine Ahnung, aber ist doch voll bombe!“, schrie Luca dazwischen. Und dann rannte er weiter im Kreis.

Basti und FZ fingen an, Geschenke und Süßigkeiten aus der Tanne zu pflücken. Als Luca gerade ein grüngestreiftes Paket aufreißen wollte, stutzte FZ. „Moment mal“, sagte sie kritisch. „Mein Detektivsinn hat gerade angeschlagen. Hier stimmt doch was nicht. Hinter FZ raschelte etwas in der Hecke und ein großer brauner Kopf kam zum Vorschein. „Oh man, ein Hirsch“, sagte Luca: „In meinem Garten!“ Basti rümpfte die Nase. „Sieht nicht wirklich aus, wie ein Hirsch, oder?“

Plötzlich passierte schon wieder etwas Komisches: Der Schneehaufen vor der Hecke fing an, sich zu bewegen. Erst war es nur ein kleines bisschen, dann wurde es mehr. Und jetzt tauchte mühsam ein keuchender Mann aus dem Schnee auf. Er war ziemlich alt und trug einen Jogginganzug. „Ho, ho", der Mann verschluckte sich und hustete ein paar Schneebrocken mit Tannennadeln aus. „Hallo, Kinder.", sagte er schüchtern. „Was machst du denn in meinem Garten!", schrie Luca wütend. „Und dieser, dings, äh, Hirsch - gehört der dir?" „Na ja, natürlich gehört der mir. Ich bin immerhin der Weihnachtsmann." Basti verdrehte die Augen: „Pff, der Weihnachtsmann. Im Jogginganzug. In Lucas Garten. Mit einem Hirsch. Jaaa, klar!"

Dem alten Mann war die Situation sichtlich peinlich. Er sah eigentlich aus, wie ein normaler Opa, nur ein wenig zerknitterter. Und seine Haare waren so weiß, die waren fast durchsichtig.

„Also, Kinder, man kann nicht immer in Festtagsklamotten rumlaufen. Auch als Weihnachtsmann nicht. Und wie ich hier herkomme... Na ja... ich bin gerade mit meinem Schlitten über die Häuser geflogen und wollte mir hinten in der Kombüse einen Grog machen. Dann kann ich mich an nichts mehr erinnern." Plötzlich streckten sieben Hirsche - äh - Rentiere ihre Köpfe aus der Hecke und schnaubten. „Also, dann ist die Sache klar!", rief FZ. „Das sind alles Geschenke für die anderen Kinder und der Weihnachtsmann ist mit seinem Schlitten direkt in Lucas Garten abgestürzt. So wird ein Schuh draus!" „Also ich sehe das folgendermaßen", sagte Luca. „Was in meinem Garten liegt, das darf ich behalten. Auch den Weihnachtsmann. Da wird ein viel größerer Schuh draus!" „So'n Quatsch", sagte Basti, „wir müssen helfen, die Geschenke wieder einzuladen. Sonst fällt noch die Bescherung aus!"

Basti, Luca und FZ halfen dem Weihnachtsmann, alles wieder in den Schlitten zu laden und winkten noch zum Abschied. Nur Luca war ein bisschen muffelig.

Aber so ist das nun mal, wenn es um Weihnachten geht,
geht es eben nicht nur um Luca.
Und als FZ, Basti und Luca schließlich
mit ihren Familien die Geschenke auspackten,
fühlten sie sich selbst ein bisschen,
wie kleine Weihnachtsmänner.

Levin Bumann

Ideen für die Weihnachtszeit

Wie wär's dieses Jahr mit einem schwedischen Adventskranz?
Der ist nicht nur kinderleicht gemacht, sondern schmeckt auch noch.

Verteile auf einem Tablett oder in einem flachen Korb gleichmäßig vier Kerzenständer. Nun steckst du vier hohe Kerzen in den Ständer und befüllst das Tablett reichlich mit Nüssen, Äpfeln und Süßigkeiten.
Naschen ist erlaubt!

Wusstest du, dass die Kinder in den USA Zuckerstangen in Form von Spazierstöcken an den Weihnachtsbaum hängen?
Anstatt aus Zucker kann man sie auch ganz einfach aus weißen und roten Pfeifenputzern herstellen. Verbinde die Enden von zwei Drähten, dass sie fest verbunden sind. Verdrehe sie dann so, dass ein Streifenmuster entsteht. Biege das Ende des verdrehten Pfeifenputzers um. So entsteht ein Spazierstock, den du an den Baum hängen kannst.

In den Niederlanden bekommen die Kinder schon am Abend vor dem Nikolaustag ihre Geschenke.
An vielen Geschenken baumelt sogar ein lustiges Gedicht, das von Sinterklaas unterschrieben ist.
Wie wäre es, wenn du an die Geschenke auch ein kleines Gedicht hängst?
Nicht vergessen: die Unterschrift vom Nikolaus.

Am Morgen des 24. Dezembers essen fast alle Kinder aus Skandinavien „Puuro“. Das ist ein leckerer Milchreis mit Zimt, in dem eine Mandel versteckt ist.
Derjenige, der in seiner Schüssel die Mandel findet, hat für das ganze nächste Jahr Glück.
Um herauszufinden, wer aus deiner Familie im nächsten Jahr besonders viel Glück hat, musst du 500 ml Wasser und 200 ml Milch in einen Topf gießen und zusammen aufkochen lassen.
Dann gibst du 300 g Milchreis hinzu und lässt das Ganze bei niedriger Temperatur 40 Minuten köcheln. Anschließend rührst du die Mandel unter und bestreust den fertigen Milchreis mit Zimt und Zucker.
Wer wird der Glückliche sein, der die Mandel im Essen findet?

Linda Herrmann

1. Wie feiert ihr Weihnachten?

Kunst in der Kälte

An vielen Wintersportorten in den Alpen werden jedes Jahr im Januar Schneeskulpturen-Wettbewerbe ausgetragen.

Dafür wird frischer Schnee mit Hilfe von Wasser und Winterkälte zu riesigen Würfeln gepresst. Sie sind 3 m hoch, 3 m lang und 3 m breit.

Aus vielen Ländern reisen Mannschaften an, um diese Würfel zu bearbeiten. Ihren Ideen sind dabei keine Grenzen gesetzt!

Wasser – das ist das Einzige, was den Künstlern neben ihren Werkzeugen, wie Sägen und Schaufeln, zur Verfügung steht! Wasser, das bei den winterlichen Temperaturen bald zu Eis gefriert.

Nach einigen Tagen müssen die fantasievollen Gebilde, Skulpturen und Körper aus Schnee fertig sein. Dann werden sie von den Einheimischen und Feriengästen begutachtet und bewertet. Wie lange sie jedoch bestaunt werden können, hängt ganz von den winterlichen Temperaturen ab.

Auch Kindern macht es Spaß, im Winter Figuren aus Schnee und Eis zu bauen. Lustige Schneemänner stehen in vielen Vorgärten oder Parkanlagen. Aber wie sieht es mit einem Igel oder einer Burg aus Schnee und Eis aus?

Stephanie Brettschneider

1. Welche Figur aus Schnee würdest du gerne bauen?

Wo die Kälte herkommt

Ganz weit oben in Nordgrönland
sitzt auf einem Eisberg die Kältehummel.
Sie ist zwanzigtausend Kilo schwer
und möchte gerne fliegen.
Ihre Flügel sind aber viel zu schwach.
Trotzdem lässt sie sie dauernd
auf und ab schwirren, weil sie hofft,
es gelinge ihr eines Tages doch noch.

Dadurch bewegt sie die eiskalte Luft so stark,
dass diese bis zu uns kommt.
Den ganzen Winter lang übt die Kältehummel,
bis sie im Frühling erschöpft einschläft.
Zum Glück, sonst hätten wir keinen Sommer.

Im Sommer schläft die Kältehummel
und träumt, sie könne fliegen.
Ein Schläuling*, der nicht gerne fror, schickte
ihr einmal ein Paket voll Schlaftabletten,
weil er hoffte, sie schlafe dann auch im Winter.
Aber der Briefträger war ein Eisbär,
und der war so neugierig,
dass er das Paket aufmachte
und alle Tabletten selber schluckte.

Seither wird in Nordgrönland
keine Post mehr ausgetragen,
denn der Eisbär schläft noch heute.
Und weil er der Einzige ist,
der weiß, wo die Kältehummel wohnt,
kann niemand sagen, wie es ihr
jetzt geht. Doch solange es jedes Jahr
Winter wird, können wir annehmen,
dass sie noch lebt.

Franz Hohler

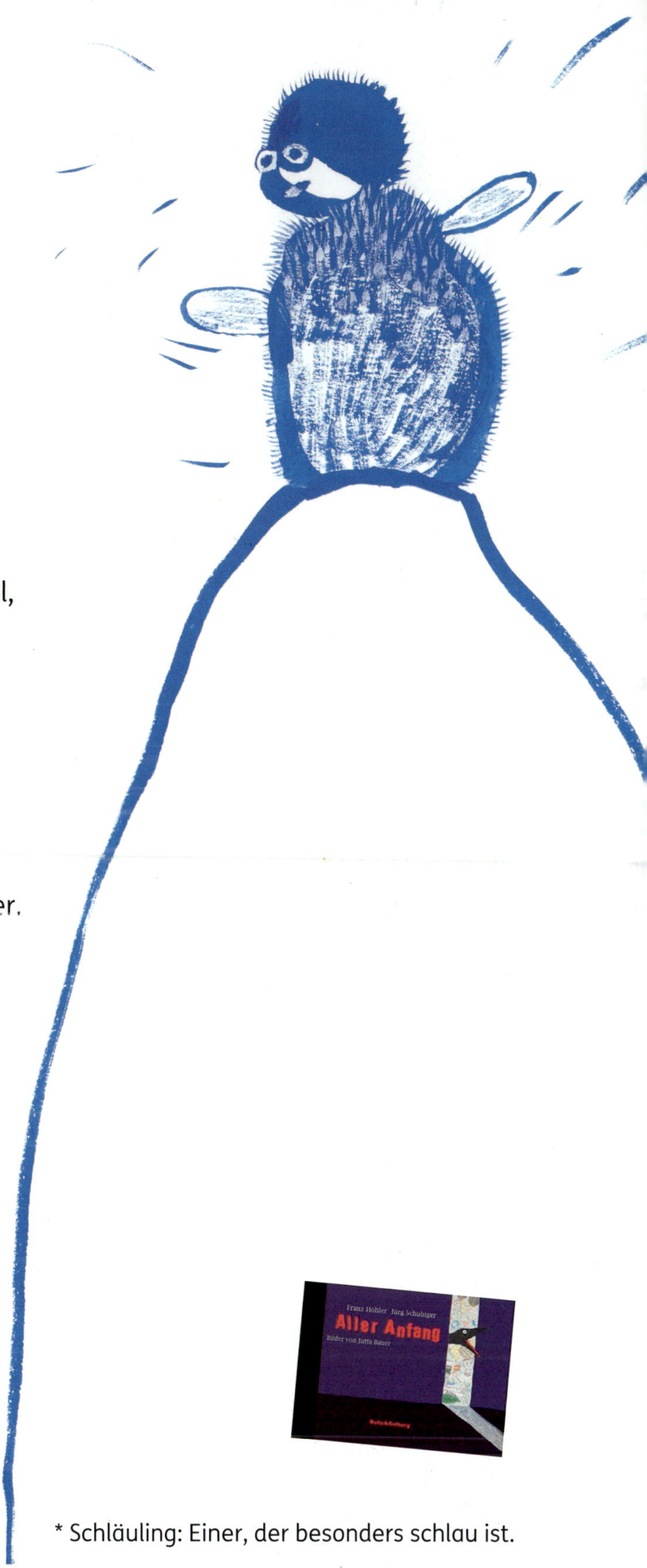

* Schläuling: Einer, der besonders schlau ist.

Der gallische Frühling
DER FRÜHLING LÄSST SICH DIESES JAHR ZEIT! NICHT EIN HIRSCH, NICHT EIN WILDSCHWEIN...
UND NICHT EIN RÖMER... EIN JAMMER!
GOSCINNY
UDERZO
SCHAU MAL, OBELIX!!!
UM DAS MÄNNLEIN DA IST ES SCHLECHT BESTELLT!!!
SO GROSS WIE DER IST, HAT ER AUCH SCHON LANGE KEIN WILD MEHR GESEHEN!
WIR BRINGEN IHN ZU MIRACULIX, UNSEREM DRUIDEN. DER WIRD IHM HELFEN...
SIEHT AUS WIE EIN TASCHEN-DRUIDE... PRAKTISCH.
ETWAS SPÄTER UND DANK DER GUTEN PFLEGE DES DRUIDEN MIRACULIX...
SO ETWAS HABE ICH NOCH NIE GESEHEN!
WER BIST DU, MÄNNLEIN? ...
GLAUBST DU, DIESES WÜRMCHEN KANN SPRECHEN?
KANNST DU GIFT DRAUF NEHMEN. MINDESTENS SO GUT WIE DU, DICKE TONNE! ... ICH BIN DER FRÜHLING...
... LIEBLINGSSOHN DER HÄNDLERIN DER VIER JAHRESZEITEN AUF DIESER ERDE! ...
GIB ACHT, MEIN SOHN! DER WINTER IST DIESES JAHR BESONDERS HART IM NEHMEN!
Neuer Frühling
BEIM TEUTATES, SEI UNBESORGT! DEN KRIEG ICH SCHON KLEIN, WIE JEDES JAHR!
VOLLER ZUVERSICHT TAUCHTE ICH ZUR ERDE HINAB...
NUN ZU UNS, BRÜDERCHEN! KOMM RAUS, WENN DU EINE JAHRESZEIT BIST!
WO STECKST DU, WINTER? DIR ZEIG ICH, AUS WELCHEM HOLZ ICH GESCHNITZT BIN!
HE, HE! ICH WERDE DIR DEIN MÜTCHEN KÜHLEN!
BANG!

René Goscinny/Albert Uderzo

Der Frühling

Mit duftenden Veilchen komm ich gezogen,
auf holzbraunen Käfern komm ich gebrummt,
mit singenden Schwalben komm ich geflogen,
auf goldenen Bienen komm ich gesummt.
Jedermann fragt sich, wie das geschah:
Auf einmal bin ich da!

Mascha Kaléko

Das Ei

Es fiel einmal ein Kuckucksei
vom Baum herab und ging entzwei.

Im Ei da war ein Krokodil;
am ersten Tag war´s im April.

Ringelnatz

Frühlingsduft

Jeden Morgen rieche ich den Frühling.
Die Sonne scheint warm in mein Gesicht.
Überall sprießen grüne Knospen.
Jeden Morgen rieche ich den Frühling.
Fröhlich spielen wir wieder draußen.
Vögel bauen ihr Nest.
Jeden Morgen rieche ich den Frühling.
Die Sonne scheint warm in mein Gesicht.

Kim-Jana (9 Jahre)

Ostern bei Sofia in Griechenland

In diesem Jahr durfte unsere Familie Ostern bei unseren griechischen Freunden auf der Insel Kreta feiern. Seit Wochen habe ich mich auf Sofia gefreut. Sie ist meine beste Freundin. Bis zum letzten Sommer hat sie in Deutschland gelebt. Aber dann zog sie mit ihren Eltern zurück nach Kreta. Sofia hat uns mit ihrem Papa am Flughafen abgeholt. Sie hat sich riesig gefreut, mich zu sehen. Und ich mich natürlich auch.
Im Auto hat sie mir ganz aufregt erzählt, dass Ostern für die Griechen das Fest der Feste sei. Sieben Wochen lang haben ihre Eltern gefastet. In der ganzen Zeit haben sie kein Fleisch und keine Wurst gegessen. Da ich kein Fleisch mag, hat mich das nicht so sehr beeindruckt. Aber neugierig wurde ich schon, wie Ostern in Griechenland gefeiert wird.
Am Gründonnerstag standen wir früh auf, um auf den Markt zu gehen. Viele Menschen kauften dort ein kleines Lämmchen, schmückten es mit bunten Bändern und nahmen es mit nach Hause. Wenn ich gewusst hätte, was mit dem Lämmchen passieren wird, hätte mir das überhaupt nicht gefallen. Aber so fand ich die Lämmchen einfach nur süß und hätte auch gern eines gehabt. Sofias Mama muss wohl schon geahnt haben, dass wir es nie essen würden – so wie all die anderen Menschen. Deshalb wollte sie auch keines kaufen.
Am Samstag mussten wir Kinder dann ganz früh ins Bett, weil wir um Mitternacht in die Kirche wollten. Vor Aufregung konnten wir lange Zeit nicht einschlafen. Trotzdem waren wir auf dem Weg zur Kirche schon wieder ganz schön munter. Alle hatten weiße Kerzen dabei. Als sie in der Kirche angezündet wurden, war mir ganz feierlich zumute. Mit der brennenden Kerze liefen wir dann nach Hause. Dort gab es noch eine Ostersuppe, die Maghiritza hieß.
Auf Ostersonntag hatte ich mich am meisten gefreut. Ich dachte, wir würden Ostereier suchen. Aber nicht ein Ei wurde versteckt! Es gab selbst gebackenes Osterbrot.
Das war sehr lecker! Trotzdem war ich zuerst ein bisschen enttäuscht. Denn alle Eier waren hier nur rot gefärbt. Aber es wurde noch richtig lustig, denn wir spielten ein Spiel, das Eiertitschen heißt. Zwei Eier wurden mit der Spitze aneinander gestoßen. Derjenige, dessen Eierschale zerbrach, musste sein Ei abgeben. Die Eierschale meines Eies hat von allen am besten gehalten. Klar, dass ich darauf ganz schön stolz war! Jetzt weiß ich sogar, was Ei auf Griechisch heißt: nämlich ΑΥΓΟ. Sofia hatte nicht übertrieben, Ostern in Griechenland ist wirklich ein aufregendes Fest.

Marie Sonntag

1. Wie feiert ihr Ostersonntag? Schreibe.

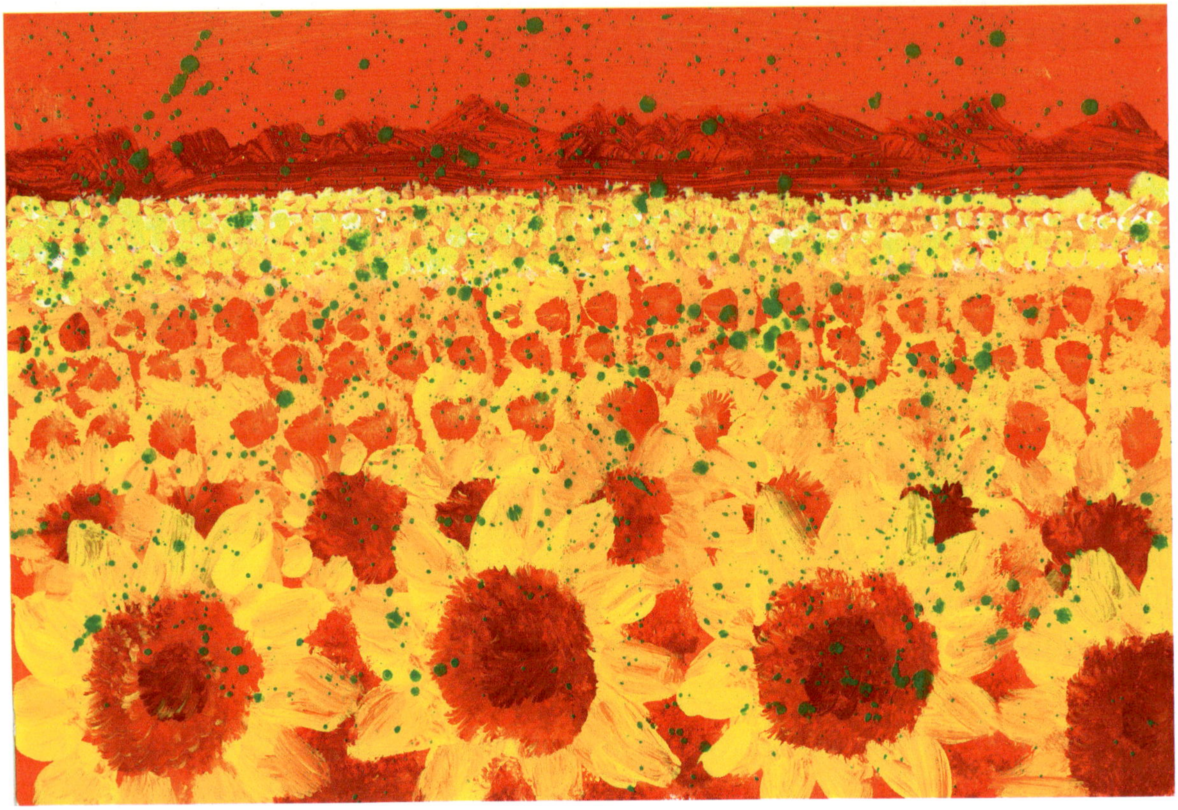

Hanna (10 Jahre)

Die Sonnenblume

Es fällt ein Kern zur Erde
und lange dauerts nicht,
da sprießt es grün
ans Tageslicht.

Und wächst empor.
Hoch wie das Gras,
dann wie ein Strauch,
gar wie ein Baum.

Die Blume:
eine Krone
von goldenem Sonnenlicht
mit Hunderten von Kernen
im Gesicht.

Franz Hermanns

Sonnenschatten

Sonne lass dich
wieder sehn,
knips deine Strahlen an.
Schein ein Loch in die Wolken,
schein ein Loch in die Luft.
Einen Sonnenstrahl auf dem Gesicht,
mit geschlossenen Augen
seh ich den nicht.
Den fühle ich nur.
Sonne, lass dich
wieder sehn,
knips deine Strahlen an,
dann kann ich
neben meinem Schatten stehn.

Hans und Monique Hagen

An einen Schmetterling

Zitronenfalter, lieber Freund,
du segelst gelb im Wind dahin.
Ich wünsch mir einen schönen
Sommer
mit *dir* als Farbtupfen drin!

Georg Bydlinski

Besuch im Sommer

Er hat nicht am Gartentürchen geklingelt.
Ach wo!
Über die Hecke ist er gekommen,
einfach so.

Wir schrien nicht: „Aber, aber!"
Wir waren nicht empört.
Wir riefen: „Welch Überraschung!"
Und fühlten uns hoch geehrt.

Ein Fest war's, als der Falter
zu Gast im Garten war,
der schwarz-weiß-feurig-rote,
der prächtige Admiral.

Josef Guggenmos

1. Wähle dir ein Sommergedicht aus.
2. Male oder gestalte eine Collage dazu.

Urlaub auf Balkonien

Normalerweise verbrachte Lilian ihre Sommerferien in Spanien. Dort war alles wunderbar anders. Die Pommes frites hießen patatas fritas, Saft nannte man zumo – und abends im Speisesaal begrüßte der Kellner Lilian mit Buenas noches, Senorita. Am wunderbarsten waren natürlich das spanische Meer und der Strand und die vielen Kinder.

In diesem Jahr dagegen war überhaupt nichts wunderbar. Denn dieses Jahr blieb Lilian zu Hause. Weil sich ihre Eltern ein neues Auto gekauft hatten. „Da bleibt für einen Urlaub nichts mehr übrig“, sagte Papa. Und Lilian saß zu Hause auf ihrem blöden Balkon. Und sie hatte nicht einmal jemanden zum Spielen. Es war einfach fürchterlich.

Lilian beugte sich über den Balkon. Unten schnippelte der Hausmeister die Grasränder gerade. Im Haus gegenüber saß eine alte Frau auf dem Balkon und las. Und irgendwo über Lilian kicherte jemand. Ganz leise.

Lilian sah hoch – und bekam kugelrunde Augen. Was war das denn? Da kam ein roter Sandeimer herabgeschaukelt! Er hing an einem langen Seil und landete genau auf Mamas Balkontomaten. Verwundert sah Lilian hinein. Der Eimer war mit weißem Sand gefüllt, und unter der Muschel lag ein Zettel.

Liebe Lilian, hast du Lust,
nach Balkonien zu kommen?
Dann klingele einfach bei Kuckuck.

Kuckuck, so hieß doch die ältere Dame im vierten Stock. Mama hatte einmal ihre Blumen gegossen und Lilian begegnete ihr oft im Treppenhaus. Aber wieso lud Frau Kuckuck sie jetzt nach Balkonien ein? Gespannt lief Lilian nach oben und klingelte.

„Hallo Lilian“, sagte Frau Kuckuck. „Schön, dass du Zeit hast. Ich habe nämlich meine Enkelin zu Besuch. Die sitzt jetzt in Balkonien und wünscht sich auch jemand zum spielen.“ Lilian ging hinter Frau Kuckuck her zum Balkon. Dort staunte sie erst recht. Der ganze Balkon war voller Sand und Muscheln. Mittendrin saß ein Mädchen im roten Badeanzug. Sie grinste Lilian an.

„Ich bin Maxi“, sagte sie. „Das mit dem Sand war Omas Idee. Toll, was? Von dir hat sie mir auch schon erzählt. Aber sie sagte, ihr seid bestimmt in Spanien. Das fand ich blöd. Und dann habe ich dich unten rufen gehört.“

Lilian strahlte. Sie sauste nach unten, holte ihren blauen Badeanzug und jagte in wilden Sprüngen zurück nach oben. Den ganzen Nachmittag buddelten die beiden Mädchen im Sand, bemalten Muscheln und aßen Vanilleeis mit Erdbeeren.

Abends klingelte es an der Tür – und kurz darauf stand Papa auf dem Balkon. Er hatte einen schwarzen Anzug an und balancierte ein Tablett auf den Händen. „Buenas noches, Senoritas“, sagte er augenzwinkernd. Hier kommen patatas fritas und zumo. Haben die Damen noch einen anderen Wunsch?“ Lilian und Maxi schüttelten grinsend den Kopf. Sie waren wunschlos glücklich. So ein Urlaub auf Balkonien war ja wirklich wunderbar anders.

Isabel Abedi

1. Warum konnte Lilian in diesem Jahr nicht in den Urlaub fahren?
2. Wie würde dein Balkonien aussehen? Schreibe und male.

AH S. 81

Das Mittsommerfest

In den nordischen Ländern wird es im Sommer kaum dunkel.
Es gibt sogar mehrere Tage im Juni, an denen es die ganze Nacht hell ist.
Und im nördlichsten Schweden geht die Sonne gar nicht unter.
Deshalb feiern die Menschen im Norden ein Fest, das Mittsommerfest heißt.
Gefeiert wird immer an einem Freitag, der dem längsten Tag im Jahr am nächsten ist.
In Schweden ist dieses Fest nach Weihnachten das zweitgrößte Fest des Jahres.
Die meisten Schweden feiern es mit Familie und Freunden.

Stephanie Brettschneider

Mein Mittsommer

Heute bin ich aufgewacht und es war Mittsommer. Was wir an Mittsommer machten? Na, das gleiche wie jedes Jahr! Wenn Mittsommer ist, fischt Papa mit seinen dicken Fingern Heringe aus dem Glas und es gibt die ersten Kartoffeln. Überall riecht es nach Dill und aus dem Augenwinkel sieht man schon die Erdbeeren grinsen.
An Mittsommer trägt Mama ihr blaues Kleid, wie einen kleinen Himmel. Gestern habe ich geträumt, dass der Winter nicht gehen wollte. Wir zogen ihm Grimassen, bettelten, ruderten mit den Armen. Aber der Winter wollte nicht. Wie ein endloses, kaltes Geklirr lag er über den Wiesen und streckte uns die blaue Zunge raus. Blies den Frost in unsere Gesichter.
Heute war ich wach wie der Sommer! Mit Mira habe ich Flieder gepflückt und geholfen, zwei große Kränze für den Baum zu binden. Das Tollste an meinem Mittsommer war, barfuß auf den Wiesen zu spielen. Mädchen fingen die Jungs. Und in meinem Bauch kribbelte der Sommer. Bis rauf zur Nase.
Und dann tanzten wir um den Mittsommer-Baum. Als hätten wir alle heute Geburtstag! Weil die Sonne schien. Und weil sie nur einmal im Jahr so lange bei uns blieb. Was ich denke, wenn ich an Mittsommer denke? Na, das gleiche, wie jedes Jahr: „Heute wird uns jede Sekunde obendrauf geschenkt - als ob die Welt eine kleine Pause macht. Und den Atem anhält."

Levin Bumann

1. Wie sieht ein Mittsommertag bei den Kindern aus? Erzähle.

Charlottes Ferientagebuch

Liebes Tagebuch,
ich bin mit dem Flugzeug nach Mallorca geflogen. Mallorca ist eine spanische Insel im Mittelmeer. Unser Urlaubsort heißt Can Picafort. Das Meer ist total klar. Meine Cousine Anna und ich haben einen Krebs gesehen. Der hatte ganz lange Fühler.

Heute war ich im Zoo. Dort gab es ein verfressenes Pferd. Es hat mir das Futter sogar aus der Tüte gemopst.

War das verwirrend. In der letzten Ferienwoche habe ich mich verirrt. Wo? Natürlich im Irrgarten. Der Irrgarten in Altjeßnitz ist der älteste und größte noch erhaltende Irrgarten Deutschlands.
200 Wege kann man vom Eingang bis zum Zentrum gehen.

Puh, war das anstrengend.
Ich bin 25 Kilometer mit dem Fahrrad nach Wittenberg gefahren. Dort habe ich mir die Schlosskirche angesehen. Das Portal der Schlosskirche ist sehr berühmt. Martin Luther hat hier seine 95 Thesen angeschlagen.

1. Was planst du für deine Ferien? Erzähle.
2. Gestalte dein eigenes Ferientagebuch. Sammle dazu Fotos, Eintrittskarten und Prospekte.

Lexikon für Bücherfreunde

**1907 †2002 in Näs (Schweden)*

Astrid Lindgren ist in Schweden geboren und hat viel über ihr Land und die Menschen dort geschrieben.
Als vor etwa 50 Jahren ihr erstes Kinderbuch Pippi Langstrumpf erschien, waren viele Erwachsene entsetzt: Pippi lebte völlig allein, war frech zu der Lehrerin, stark wie ein Gewichtheber – und sie hatte ein ganz besonderes Talent: das Lügen. Auch heute noch ist Pippi Langstrumpf eines der berühmtesten Kinderbücher, das viele Kinder auf der ganzen Welt kennen.

Buchtipps: Karlsson vom Dach; Mio mein Mio; Immer dieser Michel

** 1926*
†1977 in Paris (Frankreich)

René Goscinny ist einer der bekanntesten Comic-Autoren des 20. Jahrhunderts. Schon in der Grundschule erwachte sein Interesse an Comics und Zeichnen. Nachdem er jedoch als Zeichner kaum Erfolg hatte, wurde er ein erfolgreicher Texter.
Die Comic-Figur, mit der ihm schließlich sein großer Durchbruch gelang, war Lucky Luke. Gemeinsam mit Albert Uderzo erfand er auch den kleinen Gallier Asterix, der bald weltberühmt wurde. Nicht weniger berühmt ist eine andere Figur von ihm, die fast jedes französische Schulkind kennt: Der kleine Nick.

Buchtipps: Asterix und Obelix; Der kleine Nick; Neues vom kleinen Nick; Lucky Luke

** 1883 in Wurzen (Leipzig)*
†1934 in Berlin

Joachim Ringelnatz hieß eigentlich Hans Bötticher. Schon als Kind verfasste er kleine, lustige Gedichte. An seine Schulzeit hat er keine guten Erinnerungen, da er unter den Strafen der Lehrer litt. Stets war Ringelnatz zu Späßen aufgelegt und musste die Schule vorzeitig verlassen. Als Jugendlicher ging sein Traum in Erfüllung und er wurde Seefahrer. Manche Menschen vermuten, dass er sich den Namen Ringelnatz aussuchte, weil Seeleute Ringelnass zu einem Seepferdchen sagen. Seine Gedichte hat er für Kinder und Erwachsene geschrieben. Sie wirken auf den ersten Blick lustig, enthalten aber Vieles zum Nachdenken.

Buchtipps: Das Kinder-Verwirr-Buch; Geheimes Kinder-Spiel-Buch